① Schlossgarten

② Schloss

③ Schlossplatz

④ Send

⑤ Überwasserkirche

⑥ Dom

⑦ Markt

⑧ Rathaus

⑨ Erbdrostenhof

⑩ Stadtmuseum

⑪ Lambertikirche

⑫ Prinzipalmarkt

⑬ Kiepenkerldenkmal

⑭ Buddenturm

ISBN 3-89710-045-2

Druck · Buch · Verlag
Paderborn

Kiepenkerl

und Kiepenkerlchen in Münster

Text: Christa Gehling
Illustration: Kristin Labuch

Wer ist es? Ein Mann mit blauem Hemd, rotem Halstuch, einer Pfeife und einer Kiepe aus Weidenruten? Hast du es erraten? Richtig! Es ist der K........l.

Kiepenkerlchen oder Bernhard, wie er zu Hause genannt wird, ist sein jüngster Sohn. Er ist ein echter Münsterländer Lausebengel. Mit seinen hellen Haaren, einigen Sommersprossen, die wie kleine Sterne funkeln, und seinen Segelfliegerohren sieht er pfiffig aus. Besonders stolz ist er auf seine Riesen-Schuhgröße 39. Er gibt gerne damit an, als wäre es seine Gehirngröße.

Heute ist der 24. Oktober, Bernhards 8. Geburtstag. Diesen Tag hat er schon lange herbeigesehnt. Kannst du erraten, welches Geburtstagsgeschenk ihm der Vater versprochen hat? Ein bisschen will ich dir dabei helfen. Es ist kein Matchbox-Auto, kein ferngesteuertes Flugzeug. Das Geschenk hat etwas mit dem Beruf des Vaters zu tun. Was mag es wohl sein? Soll ich das Geheimnis lüften?

Der Vater nimmt ihn mit auf seine Tour nach Münster. Hast du Lust, Kiepenkerl und Kiepenkerlchen auf ihrem Weg dorthin und durch die schöne, alte Stadt zu begleiten?

Stolz ist Bernhard auf seinen Vater! Kiepenkerl, das weiß er gut, ist eine besonders wichtige Person, die Waren selbst in einer Kiepe vom Münsterland nach Münster bringt. Dabei wird mit vielen Leuten geplaudert und erzählt. Die Hausfrauen erfahren von Hochzeiten und Taufen, sie staunen, dass der Schulzenbauer vor zwei Wochen von einer Kuh drei Kälbchen bekam, und hören zu ihrem Schrecken vom Brand eines großen Hofes in Südlohn. Der Kiepenkerl erfährt auch, was sich in Münster in letzter Zeit zugetragen hat. So gehen Neuigkeiten und Nachrichten hin und her.

Kiepenkerlchens Vater hat heute seine Kiepe bis über den Rand gefüllt. Ein paar Mettwürste und ein Stück Schinken gucken oben heraus. Was sonst im großen Korb ist, will ich nicht verraten. Falls du neugierig bist, wirst du es später erfahren.

Nach einem guten Frühstück zu Hause mit Knabbeln und heißer Milch geht's los! Als Reisegepäck nimmt Bernhard in seinem Abenteurerrucksack Taschenlampe, Malsteine und Taschenmesser mit. Von Mogli, seiner Schildkröte, mag er sich heute gar nicht trennen. Was denkst du? Landet sie auch noch im Gepäck?

Dieser Tag wird spannend werden!

Auf dem Weg von Stadtlohn nach Münster kann man sich viel erzählen. Als Stadtlohns Kirchturm von St. Otger in weite Ferne gerückt ist, erzählt der Kiepenkerl seinem Sohn von der Geschichte der Stadt Münster: „Vor ganz, ganz langer Zeit, vor ungefähr 12 mal 100 Jahren, sprach Karl der Große zu dem Missionar Liudger: „Du sollst dafür sorgen, dass die Menschen in der Stadt Münster und in den Dörfern im weiten Umkreis etwas von Gott erfahren und an ihn glauben.“ Die meisten Menschen konnten nicht lesen. Liudger gab sich die größte Mühe, über Christus zu predigen und mit den Leuten darüber zu sprechen. Er machte seine Sache so gut, dass Karl der Große ihn zum ersten Bischof unserer Stadt ernannte. Auf einem kleinen Hügel errichtete er ein Kloster, Monasterium, das der früheren Siedlung Mimigernaford nun seinen neuen und bleibenden Namen gab. Dort baute er eine kleine Kirche. Durch viele Erneuerungen wurde später daraus unser großer Paulusdom.

Jetzt schaltet Bernhard, weshalb sein großer Bruder Ludger so stolz auf seinen Namen ist. Er ist ganz bei der Sache und fragt den Vater neugierig: „Werden wir diesen Dom auch besuchen?“ „Oh ja, und du wirst große Augen machen. Der Dom ist die bedeutendste und mächtigste Kirche Münsters und des Münsterlandes.“

Unsere unternehmungslustigen Freunde nähern sich schnurstracks ihrem Ziel. Nach einer Stärkung mit einem deftigen Schinkenbutterbrot erreichen sie das „Coesfelder Kreuz“. Der Weg führt sie über die nächste Straße in den von einer Gräfte umgebenen Schlossgarten. Natürlich kennt Bernhard noch mehrere Wassergräben von den Münsterländer Wasserburgen.

Weiter geht's. Nach einem Abstecher in den Botanischen Garten, ein Pflanzenparadies, schlendern sie durch ein reich verziertes Tor zur Vorderseite des Schlosses.

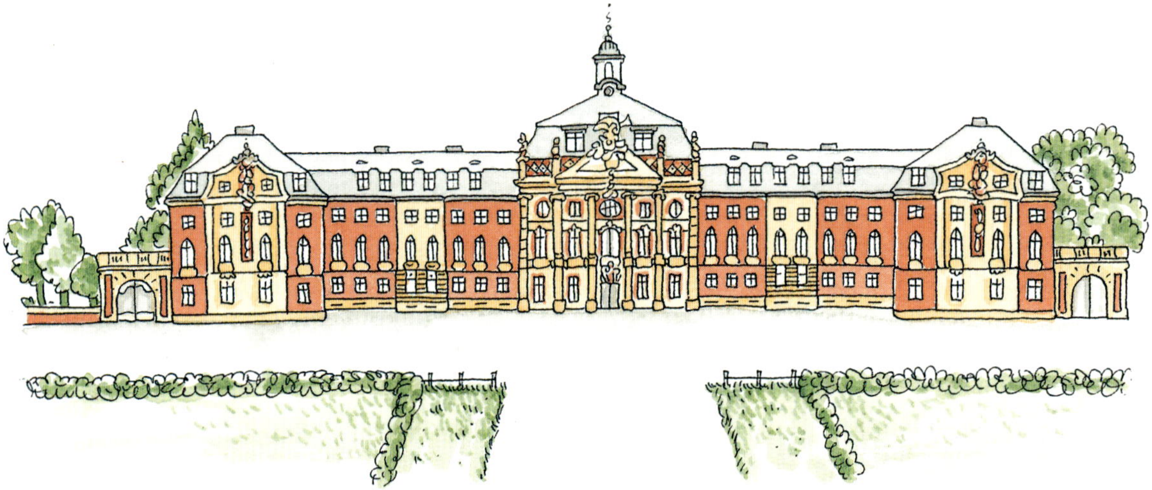

Bernhard stellt sich in seiner Fantasie einen König und eine Königin als Bewohner des Schlosses vor. Darüber aber muss er selber lachen und sein Vater erläutert ihm: „Die vielen jungen Leute, die du siehst, sind nicht die Diener eines Königs. Sie sind Studenten der Universität. Der Fürstbischof, für den die Residenz gebaut worden war, wohnte aber nie in dem prächtigen Haus."

Gaststätte

Residenzschloss! – Das ist das Stichwort für eine Stadtführerin, die gerade den Wissensdurst einer Reisegruppe stillt. Den Zuhörern wird mitgeteilt: Johann Conrad Schlaun ist der Erbauer dieses Schlosses. Er lebte von 1695 bis 1773. Zahlreiche Bauwerke in Münster und ganz Westfalen sind sein Werk.

Die Außenansicht des Schlosses aus roten Ziegelsteinen und die mit Baumberger Sandsteinen eingefassten Fenster fallen gleich ins Auge.

Die Stadtführerin erwähnt einige Bauten Schlauns in Münster, z. B. die Clemenskirche und den Erbdrostenhof. Auch das Rüschhaus, das Wohnhaus der berühmten Dichterin Annette von Droste-Hülshoff, ist sein Werk.

ERBDROSTENHOF
UNIVERSITÄTSSTADT MÜNSTER
Liebe Mama, Kerstin
und Ludger ♡
Papa und ich sind
jetzt in Münster.
Hier ist es
An
Mama
80
80

Das Sendschwert

Plötzlich sehen sie Buden, Karussells und das Riesenrad auf dem Platz vor dem Schloss. Es ist Send in Münster. Früher bezeichnete man Versammlungen von Kirchenmännern aus dem Münsterland als „Send“. Als besonderes Zeichen wird auch noch in unserer Zeit das Sendschwert wie vor 400 Jahren während der Kirmestage an der linken Rathausfassade ausgestellt.

Zur gleichen Zeit richteten sich damals die Kirmesleute im Kreuzganz des Domes ein. Bernhard fragt: „Wie konnte man Karussells und Buden im Kreuzgang unterbringen?“ „Die Jahrmärkte waren sehr klein“, antwortet der Vater und fährt fort: „Die Leute freuten sich über Spaßmacher, Jongleure und Feuerschlucker.“ Zum Glück, denkt Bernhard, ist die Kirmes heute groß. Vater hat ihm versprochen: Heute Nachmittag geht’s zum Send.

Die Sache mit dem Sendschwert geht Bernhard nicht aus dem Kopf. „Was soll das bedeuten?“, fragt er seinen Vater. Die Antwort ist einfach: „Zur schönen Kirmeszeit sollen die Leute nicht streiten, sondern fröhlich und lustig sein. Sie sollen das Schwert an den Nagel hängen.“

HR GlÜCK
Müller Pfeile
10,-
3 Fr
STAR
GEISTERBAHN
KASSE

Der Dom ist bald von Nordwesten her über das Gässchen „Am Spiegelturm“ erreicht. Die mächtigen Türme sind wie ein Himmel aus Steinen. Das grüne Dach leuchtet weit. An der Südseite des Domes bestaunen Vater und Sohn die große Eingangshalle. Man nennt sie das Paradies.

In früheren Zeiten wurden hier Gerichtsverhandlungen abgehalten und Pilger und Wanderer ruhten sich im Schutze der Kirche aus. Eine große, steinerne Christusfigur mitten über der Eingangstür, darunter der heilige Paulus gehören zu diesem Gotteshaus. Der Dom ist dem Apostel Paulus geweiht. Die älteste Schule Münsters, das „Paulinum“, ist nach ihm benannt.

Ein Stadtführer nimmt unsere beiden mit in den Dom. Er weist auf die mächtige Figur des heiligen Christophorus hin. In einer Hand hält der Heilige einen echten Baum. Kiepenkerlchen staunt als nächstes über die astronomische Uhr. Der Stadtführer lässt ihn fünf Minuten warten, bis es genau 12.00 Uhr ist. Es erscheinen die Heiligen Drei Könige, von zwei Dienern angeführt. Mit einer Verbeugung zeigen sie ihre Verehrung für das Jesuskind. Dazu hörst du die Klänge eines Glockenspiels. Bernhard schaut sich die einmalige Uhr genau an. Was wird er noch auskundschaften?

Mit seiner Taschenlampe leuchtet er Winkel und Ecken der Kirche aus. Nur weil er richtig neugierig ist, entdeckt er das versteckte Dreihasenbild über der Orgel. Bei den drei Ohren traut er seinen Augen nicht, aber der Stadtführer erwähnt etwas schmunzelnd einen Vers für Schlauberger:

Der Hasen und der Löffel drei,
und doch hat jeder Hase zwei.

Unser kleiner Pfiffikus legt sein Hirn in Falten und kratzt sich nachdenklich hinter dem Ohr. Wirklich, der Vers stimmt. Was gibt es merkwürdige Sachen in Münster!

Vater und Sohn gehen weiter durch den Dom und besuchen das Grab des Bischofs Clemens August Kardinal von Galen. Man nennt ihn den „Löwen von Münster". Während der schlimmen Zeit der Nazi-Herrschaft hat er sich mit großem Mut für unschuldig verfolgte Menschen eingesetzt.

Die Stadtwanderung gefällt unserem Lausbuben immer besser und stolz zieht er mit seinem Vater über den Markt am Domplatz. In Windeseile versteckt sich Bernhard zwischen den Buden, guckt hier hervor, verschwindet dort wieder, bis der Vater ihn schließlich doch einfängt und am Rucksack festhält. Beide lachen und freuen sich.

Das muntere Markttreiben mit vielen Überraschungen macht Bernhard Freude. Es duftet himmlisch, um nicht zu sagen „westfälisch" nach Brot und Wurst, nach Blumen und Gemüse, nach Schinken und Fisch, Kuchen und Fleisch. Ihm läuft das Wasser im Munde zusammen. Das merkt der Vater und kauft ihm einen dicken, rotwangigen Boskopapfel.

Plötzlich sticht ihn der Hafer! Mit Anlauf und großer Mühe klettert er auf eine Linde, die neben dem wuchtigen Denkmal des Kardinals Clemens August von Galen steht. Er holt seinen guten Malstein aus seinem Rucksack und schreibt auf einen dicken Ast den Buchstaben B, den man noch einige Zeit dort sehen kann.

Von diesem idealen Aussichtsplatz aus beobachtet er die geschäftigen Marktleute. Bernhard hofft, dass ihm sein Vater am holländischen Lakritzstand etwas Süßes kauft. Er hat sich nämlich Lakritzschnecken gewünscht.

Eine Schulklasse trottet vorbei und singt – wenn auch etwas verspätet – das Lied, dessen Noten hier zu lesen sind:

Das ist das schönste Lambertilied! Bernhard singt fröhlich mit. Er denkt an seine Mondlaterne, die ihm in diesem Jahr aus schwarzer Pappe und gelbem Seidenpapier besonders gut gelungen war. Der Vater erzählt ihm, dass er sich früher die Laterne aus einer dicken Runkel geschnitzt hat.

Auf der Suche nach neuen Erlebnissen stellt der Kiepenkerl seine Kiepe bei einem befreundeten Markthändler ab. Unsere Stadtbesucher bummeln zum benachbarten Rathaus. Es ist ein wahres Schmuckstück für den eindrucksvollen Prinzipalmarkt. Die Oberbürgermeisterin, die man an ihrer glänzenden Amtskette erkennt, begrüßt gerade eine Gruppe Fremder, der sie das Wichtigste von ihrem Haus, dem Rathaus, berichtet. Die Zuhörer sind Gäste aus Münsters Partnerstädten: York, Kristiansand, Mühlhausen, Rjasan, Lublin, Orléans, Beaugency, Monastir, Rishon le Zion und Fresno.

Die Menschen dieser Städte haben Freundschaft miteinander geschlossen. Sie besuchen sich gegenseitig, feiern Feste gemeinsam oder helfen sich in Notzeiten.

Die Gruppe zieht in den Friedenssaal. Kiepenkerl und Kiepenkerlchen schließen sich an. Aufmerksam lauschen sie den Ausführungen der Oberbürgermeisterin: „Im Jahre 1648 wurde hier und in Osnabrück nach einem langen Krieg von Vertretern des Kaisers, von Königen und Fürsten der Westfälische Friede geschlossen."

Der Krieg dauerte 30 Jahre. Eine so lange Zeit kann sich Bernhard nicht vorstellen. Bernhards großer Bruder ist schon 10 Jahre alt. 30 Jahre sind eine 3-mal so lange Zeit.

Kiepenkerlchen hört der Oberbürgermeisterin weiter zu: „Die Erleichterung und Freude der Menschen über den Frieden war groß. Die Glocken läuteten laut und einige Böllerschüsse trugen diese gute Nachricht in alle Winkel unserer Stadt."

Draußen vor dem Rathaus hört Bernhard einen Mann hinter sich sagen: „Das Rathaus ist auf eine besondere Weise gebaut, im gotischen Baustil.“ Bernhard ist mutig geworden und ruft laut: „Gotischer Baustil, das ist Wörtergift. Ich verstehe kein Wort!“ „Schlaue Fragen beantworte ich gerne“, sagt der Mann und erklärt ihm: „Zwischen aufstrebenden Pfeilern werden die hoch ragenden Mauern überwiegend durch Fenster ersetzt. Der Giebel ist, wie du siehst, in Stufen gestaffelt.“

Unser kleiner Stadtbummler schaut genau hin. Wenigstens den Stufengiebel kann er erkennen.

Der Vater ergänzt noch: „Das Rathaus wird für Ratsversammlungen, Konzerte, Feste und Empfänge genutzt. Vom Balkon des benachbarten Stadtweinhauses begrüßt die Oberbürgermeisterin im Karneval die närrischen Münsteraner.“

Unsere Stadtlohner verlassen die Besuchergruppe, weil die Zeit drängt. Denn ab 15.00 Uhr warten am Spiekerhof Hausfrauen auf die angekündigte Ware des Kiepenkerls.

Bis dahin haben wir noch viel vor. Jetzt wählen Vater und Sohn den Weg durch die Syndikatgasse zur Salzstraße. Der Kiepenkerl will am Erbdrostenhof vorbeigehen. Bernhard zählt schnell die Stäbe des Gitters, die wie aufrechte Lanzen den Erbdrostenhof bewachen. Wie viele mögen es sein?

Abenteuer und Entdeckung – das ist heute das Richtige für ihn. Augen auf und Nase hineingesteckt – das gefällt ihm am besten. Auch die Salzstraße nimmt er unter die Lupe und seine Spürnase ist gut. Er entdeckt auf der Straße Messingplatten mit einem Stein in der Mitte. So etwas gibt es in Stadtlohn wirklich nicht.

Zum Glück kommt der Buchhändler Gimpfelpeng vorbei und sieht Bernhards fragenden Blick. Als echter Münsteraner erläutert er gerne: „Vor wenigen Jahren fand zum 1200-jährigen Stadtjubiläum 1993 in unserer Stadt ein Treffen von Vertretern zahlreicher Hansestädte statt. Zur Erinnerung daran wurden die Messingplatten in die Salzstraße eingelassen. Der Name der betreffenden Stadt und ein echter Stein dieser Stadt zieren dieses Schmuckstück. Der Hansetag der Neuzeit ist heute noch ein Zusammenschluss von Kaufmannsstädten.“

Bald erreichen Vater und Sohn ihr nächstes Ziel, das Stadtmuseum an der Ecke Salzstraße/Winkelstraße. Dort sind viele alte Gegenstände, besonders Bilder, Münzen und Medaillen, zu besichtigen. Sie erzählen von der Geschichte oder wichtigen Personen Münsters. Eine Heimatforscherin weist auf die Medaillensammlung hin, die in einem versteckten Winkel des Museums zu finden ist.

Die Medaille zur Erinnerung an den Westfälischen Frieden ist groß und eindrucksvoll. Auf der Vorderseite ist der alte Name unserer Stadt – Monasterium – zu lesen, auf der Rückseite erscheint die Friedenstaube mit dem Spruch: „pax optima rerum".

Bernhard liest diese Worte laut. Er versteht die Sprache nicht. Stadtlohner Platt kann es nicht sein, denn das kennt er von seiner Oma. Die Heimatforscherin erklärt freundlich, dass der Spruch – wie früher oft – in lateinischer Sprache geschrieben ist. Die Übersetzung heißt: der Friede – das Beste aller Dinge!

Schon wieder fuchtelt Bernhard mit seiner Taschenlampe herum und der Lichtstrahl landet auf der rechten Seite im fünften Schaukasten. Er entdeckt den Goldtaler von Kasper, Fundort Omas Garten. Die spannende Beschreibung: „Die Vorfahren dieses so berühmten Kinderfreundes sind entweder Kasper Quatschkopf oder Kasper Querkopf." Ist das Spaß oder Ernst? Bernhard stutzt. Dann kann er sich vor Lachen nicht halten.

Bernhard hat heute nun einmal seinen Glückstag. Er hört im Haus von weitem das Tritratrullalalied. Im Kasperletheater ist heute zufällig eine Aufführung. Krokodile schnaufen, Kasper ist in Gefahr und wird von Seppel gerettet.

Nachdem alles vorbei ist, wirft Bernhard noch ein Auge auf das alte Karussellpferd. Gerne möchte er darauf reiten. Wirklich – auch ein Museum hat ein Herz für Kinder!

In einem anderen Raum bewundert Kiepenkerlchen das riesengroße Friedensbild von Fritz Grotemeyer. Schon wieder ist die unentbehrliche Taschenlampe im Einsatz und Bernhard zählt und zählt. „Was gibt es zu zählen?“, fragt der Vater. „Natürlich die Sterne im oberen Teil des Bildes und ich bin gerade bei 75 angekommen.“ Vater zählt nach. Hat sein Sohn sich auch nicht vertan? Du willst sicher auch zählen?

Jan v. Leiden
Knipperdolling
Krechting

Kiepenkerl und Kiepenkerlchen machen sich wieder auf den Weg über die älteste Straße Münsters, den Alten Steinweg, zur Lambertikirche und zum Prinzipalmarkt. Oben am Lambertikirchturm entdeckt Bernhard drei Eisenkäfige aus der Wiedertäuferzeit. Es waren böse Zeiten damals in den Jahren 1534/1535, als die Wiedertäufer Münster zu ihrer Hauptstadt machten. Jan van Leiden, ein selbsternannter König, und seine Genossen verbreiteten zuletzt Angst und Furcht bei den Münsteranern. Wer seine Anordnungen nach Ablieferung allen Vermögens, Erwachsenentaufe und Vielweiberei nicht befolgte, wurde hingerichtet. Nach einem blutigen Kampf erstürmten die Soldaten des Bischofs die Stadt. Sie töteten die Anführer der Wiedertäufer und hängten deren Leichen zur Abschreckung am Lambertikirchturm in Käfigen auf. „Eine unheimliche und grausige Geschichte."

Kiepenkerlchen ist erleichtert über den Anblick des freundlichen Prinzipalmarktes. Er erfährt, dass sich zur Zeit der Stadtgründung die Kaufleute östlich der Domburg ansiedelten.

Heute zeigen einladende Schaufenster, prächtige Fassaden und schmale Treppengiebel, dass hier die gute Stube Münsters und genau genommen auch des Münsterlandes ist.

Kiepenkerl und Kiepenkerlchen werfen noch einen Blick auf die Lambertiturmuhr. Im Mittelalter warnte von diesem Turm aus der Türmer die Bürger vor Brand und vor anrückenden Feinden und gab ihnen die Zeit an. Heute tutet ein Türmer mit dem mächtigen Tutehorn jede Nacht (außer dienstags) von 21.00 Uhr bis 24.00 Uhr die vollen und die halben Stunden in alle vier Himmelsrichtungen.

Es ist 14.45 Uhr. Pünktlich, nachdem sie die Kiepe kurz vor Marktschluß geholt haben, treffen Vater und Sohn am Spiekerhof ein. Dort, unter dem Kiepenkerl-Denkmal, breitet der Kiepenkerl seine Waren aus: dicke braune Eier, preiswerte Knickeier, Wurstebrot, Leberbrot, Mettwurst, Schinken, Töttchen, Rollenbutter, zwei Hasen von der Treibjagd im „Lohner Bruch“ und einige Fasanen aus der Feldjagd in Südlohn. Bernhard ist geschäftstüchtig. Laut ruft er: „Frische Eier, leckere Mettwurst, selbst gemachtes Leberbrot.“ Schnell ist die gute Ware verkauft.

Das Geschäft ist gelaufen. Unsere beiden brechen um 16.00 Uhr zum Send auf. Auf dem Weg dorthin erblicken sie rechts den Buddenturm. Er gehört zur alten Stadtbefestigung, von der heute nicht mehr viel erhalten ist. Namen wie Kanonengraben und Zwinger erinnern an alte Zeiten, als Münster noch durch eine lange Stadtmauer und den Fluß Aa vor Feinden und Eindringlingen geschützt wurde.

Immer noch ist Geburtstag! Deshalb spendiert der Kiepenkerl seinem Sohn auf dem Send eine üppige Zuckerwatte. Kirmesmusik und wunderbare Düfte von gebrannten Mandeln und leckeren Bratwürsten gehören zum Send.

Unsere beiden besteigen das Riesenrad. Die Fahrt geht los! Bald vergisst Bernhard das mulmige Gefühl in der Magengegend. Er sieht staunend über Münster mit seinen zahlreichen Kirchtürmen, dem Aasee und der Promenade, die sich mit ihren Linden in herbstlicher Pracht wie ein Kranz um die Stadt zieht. Vater sucht noch nach dem Zoo. Er kann ihn aber nicht entdecken.

Ein prima Geburtstag – denkt Bernhard! Er freut sich auf zu Hause! Am Coesfelder Kreuz werden unsere Stadtbesucher schon von dem Viehhändler Schulte-Woddelkamp erwartet. Er nimmt sie in seinem Wagen wieder mit nach Stadtlohn.

Die beiden Männer reden über ihre guten Geschäfte. Bernhard träumt von diesem schönen Tag. Er träumt sogar davon, einmal ein Kiepenkerl zu sein. Er träumt, dass man ihn dann von weitem an seinem blauen Kittel, dem roten Halstuch, der dunklen Schirmmütze und der großen Kiepe aus Weidenruten erkennen wird!

Nützliche Adressen in Münster auf einen Blick
(Stand: März 1998)

Tourist-Information

Klemensstraße 9, Tel. 4 92 - 27 10,
mo.-fr. 9-18, sa. 9-13 Uhr

Botanischer Garten

Botanischer Garten im Schlossgarten:
1.11.-14.3. 8-16 Uhr,
15.3.-31.10. 8-17 Uhr

Altstadtführungen

mo.-sa. 11-12.30, so. 10-11.30 Uhr

Rathausführungen

so. 11.30-12.30 Uhr (außer bei offiziellen Veranstaltungen der Stadt)

Wochenmarkt auf dem Domplatz (mi. u. sa.)

1.4.-31.10. 7-13.30 Uhr
1.11.-31.3. 8-13.30 Uhr

Archäologisches Museum

Domplatz 20/22, Tel. 8 32 45 81,
di., do., fr. 13-15 Uhr
mi. 16-18, sa. 11-13, so. 14-16 Uhr

Domkammer

Horsteberg, Tel. 4 24 71
di.-so. 11-16 Uhr,

Friedenssaal im Rathaus

Tel. 4 92 - 27 24
mo.-fr. 9-17, sa. 9-16,
sonn- u. feiertags 10-13 Uhr

Karnevalsmuseum, Paohlbürgerhof

Heumannsweg 127, Tel. 31 59 27,
nur nach Vereinbarung

Mühlenhof-Freilichtmuseum,

Theo-Breider-Weg 1, Tel. 98 12 00,
Sommer: 16. März bis 15. Okt. tägl.
von 10-18 Uhr (17 Uhr Kassenschluß)
Winter: 16. Okt. bis 15. März di.-sa.
13-16.30 Uhr

Stadtmuseum

im Salzhof/Salzstr. 28, Tel. 4 92 - 45 03,
di.-so. 10-18 Uhr,
Führungen: so. 16 Uhr

Westf. Landesmuseum
für Kunst und Kulturgeschichte

Domplatz 10, Tel. 59 07 01,
di.-so. 10-18 Uhr

Westf. Museum für Archäologie

Rothenburg 30, Tel. 59 07 02,
di.-so. 10-18 Uhr

Westf. Museum für Naturkunde
mit Planetarium

Sentruper Str. 285, Tel. 5 91 05,
di.-so. 9-18 Uhr

Astronomische Uhr im Dom

Umgang der Hl. Drei Könige und
Glockenspiel, werktags 12 Uhr,
sonn- u. feiertags 12.30 Uhr

Glockenspiel

An der Weltzeituhr, Rothenburg 13,
tägl. 12, 16, 17 und 18 Uhr

Traditionelle Großkirmes
auf dem Hindenburgplatz

jeweils fünf Tage im März, Juni und
Oktober (do.-mo.)

Charivari-Puppentheater

Körnerstr. 3, am Aasee,
tel. Vorbestellung: Tel. 52 15 00

Zoo

Allwetterzoo
Zum Zoo gehören Delphinarium und
Streichelzoo (geöffnet ab 9 Uhr,
Kassenschluß April bis Sept. 18 Uhr,
Okt. bis März bei Dämmerung).
Sentruper Str. 315, Tel 8 90 40

1. Schlossgarten
2. Schloss
3. Schlossplatz
4. Send
5. Überwasser-kirche
6. Dom
7. Markt
8. Rathaus
9. Erbdrostenhof
10. Stadtmuseum
11. Lambertikirche
12. Prinzipalmarkt
13. Kiepenkerl-denkmal
14. Buddenturm